Dear Reader,

Get ready for a journey that blurs the lines between reality and dreams, exploring the annihilation of the gods, the primitive visions of mortals and the celebration of the grotesque. This book explores the intricate dance between tenderness and disturbing beauty that accompanies the struggle to become an imperfect being. We will delves into the meaning of our body, focusing on our teeth, fingers and, especially, the power of the navel. The navel represents our strength, revealing our gentle nature. When we are in the uterus, the umbilical cord connects to the navel, anchoring us to the essence of life itself. The navel serves as a gateway and confinement at the same time, being the first point of entry to the physical world, and also our way of obtaining energy in a very primordial and spiritual way. In different cultures, the navel is sacred and protected, since it is said to be an entrance portal, a connection between the spirit and the body that allows us to absorb energy subconsciously.

Estimado lector,
Prepárate para un viaje que difumina las líneas entre la realidad y los sueños, explorando la aniquilación de los dioses, las visiones primitivas de los mortales y la celebración de lo grotesco. Este libro explora la intrincada danza entre la ternura y la belleza inquietante que acompaña la lucha por convertirse en un ser imperfecto. Profundizaremos en el significado de nuestro cuerpo, centrándonos en nuestros dientes, dedos y, especialmente, el poder del ombligo. El ombligo representa nuestra fuerza, revelando nuestra naturaleza gentil. Cuando estamos en el útero, el cordón umbilical se conecta al ombligo, anclándonos a la esencia de la vida misma.
El ombligo sirve a la vez de puerta de entrada y de confinamiento, siendo el primer punto de entrada al mundo físico, y también nuestra forma de obtener energía de manera muy primordial y espiritual. En diferentes culturas, el ombligo es sagrado y protegido, ya que se dice que es un portal de entrada, una conexión entre el espíritu y el cuerpo que nos permite absorber energía subconscientemente.

INDICE
INDEX

I. TIERRA AJENA
II. ON PROFETICAL VISIONS
III. ELYSIAN FIELDS
IV. SHATTERED VEIL
V. A NEVER ENDING TAIL
VI. ON REMINENCES OF AN OLD SWING
VII. THE APPLE
IX. GENESIS VIEWED BY THE ABSENCE OF WINGS
X. TINTA SELLADA
XI. BITTER HARVEST
XII. LIMERENCIA
XIII. SEDAS Y SAL
XIV. EXILIO
XV. ANGUS DEI

XVI. THE EPIPHANY OF AN UNETHICAL GOD
XVII. DESEO, DESEO, DESEO
XVIII. LATENCIA
XIX. SWAN SONG
XX. PROFETA METAFÍSICO
XXI. LA ALQUIMIA POR LA CUAL REZO
XXII. MANOS DE CERA
XXIII. DÚCTIL
XXIV. SPLASHING ON DECAY
XXV. ALCANZANDO LA REALIZACIÓN
XXVI. CASA DE CRISTAL
XXVII. CANTO A LA ETERNIDAD
XXVIII. CLEPSIDRA
XXXIX. ACTIVE DECAY
XL. COMMON GROUND
XLI. SEALED PROMISES, AND A FEAST
XLII. MIRADA PERDIDA

XLIII. DOBLE FILO
XLIV. DESEO DE CONEXIÓN MUTUA CUANDO
NO SEA ETERNA
XLV. EN BASE A CONCIENCIA COSMICA
XLVI. PARALELISMOS A DOS VOCES
XLVII. PROVISIONAL LOVER
XLVIII. ORIFICIO DE SALIDA
XLIX. WORSHIP
L. MAGIC MUST BE IT
LI. WORMHOUSE
LII. THIS IS HOW YOU PIN HOPE ON ME
LIII. LETANÍA
LIV. LITANY
LV. OBLIVION
LVI. A LEGACY OF ROT
LVII. QUIZÁS
LVIII. UNDONE FLESH

TIERRA AJENA

Mi alma sedienta de somnolencia
Y solo pasan
Días.
por las noches
las estrellas sondean el cielo
Como ángeles fundidos de arrogancia
Que creen saberlo todo
Que creen que el halo en su cabeza es pureza
Pero nadie les advirtió de los anillos de saturno
Que el halo es su imagen
Y así como es arriba es abajo.
Hay peticiones fundidas en forma de cenizas
en los cerros y los mares,
Hay carne que hierve bajo tierra alojada por larvas.

TILL I BLOOM FERVISHLY AGAIN FOR THE TASTE OF LIFE
TILL I BLOOM FERVISHLY AGAIN FOR THE TASTE OF LIFE
TILL I BLOOM FERVISHLY AGAIN FOR THE TASTE OF LIFE
TILL I BLOOM FERVISHLY AGAIN FOR THE TASTE OF LIFE
TILL I BLOOM FERVISHLY AGAIN FOR THE TASTE OF LIFE
TILL I BLOOM FERVISHLY AGAIN FOR THE TASTE OF LIFE
TILL I BLOOM FERVISHLY AGAIN FOR THE TASTE OF LIFE
TILL I BLOOM FERVISHLY AGAIN FOR THE TASTE OF LIFE
TILL I BLOOM FERVISHLY AGAIN FOR THE TASTE OF LIFE
TILL I BLOOM FERVISHLY AGAIN FOR THE TASTE OF LIFE
TILL I BLOOM FERVISHLY AGAIN FOR THE TASTE OF LIFE
TILL I BLOOM FERVISHLY AGAIN FOR THE TASTE OF LIFE
TILL I BLOOM FERVISHLY AGAIN FOR THE TASTE OF LIFE
TILL I BLOOM FERVISHLY AGAIN FOR THE TASTE OF LIFE
TILL I BLOOM FERVISHLY AGAIN FOR THE TASTE OF LIFE
TILL I BLOOM FERVISHLY AGAIN FOR THE TASTE OF LIFE
TILL I BLOOM FERVISHLY AGAIN FOR THE TASTE OF LIFE
TILL I BLOOM FERVISHLY AGAIN FOR THE TASTE OF LIFE

ON PROFETICAL VISIONS

The ink of the sun/ fingertips stuck in a jar of honey / the veneer was never far/ a cross hanging in the backrest of my bed / I'm collapsing in effervescent dreams / I'm collapsing before the sun / rejection kicks in / hanged mirror is speaking to me /I'm now far away from the veneer / it's a calling / it's a crying / to hold on / the soil will never be this far / again / my gag reflex stands up / again / I'm never one with the sun / again / my lungs start to collapse / again / the bathroom tiles freeze my feet / again / the floor is splitting in crumbs / my hair falls out / again / the stranger in the mirror strangles my self/ again / I wake up from this recurrent / dream / nightmare / prophecy / call / there is nothing divine / there is nothing this immortal/ nothing moves up / everything moves down/ further from the sun / further from my call.

ELYSIAN FIELDS

Yesterday, I was able to find tenderness in the falling.
Yes, I was bruised, but it didn't feel bad, I wonder if that's the kind of love for pain that masochists crave.
I wouldn't say the pain was rough in any way, in fact it was rather comforting.
The grass scraping my knees. The dried dandelions sticking onto my rasped skin, sticking like stickers.
The earth hugged me, and I even got an ant to be fed by my blood.
The earth nurtures me and I nurture her.

SHATTERED VEIL

There's only a small lapse of time until
you
dethrone me from the throne on which you put
me with your bare own arms. I'm terrified I
might set fire to you or burn you with my
freezing hands. I even predict that I might be a
skeptical being even at my most grounded
soiled moment, but I predict, and my eyes
always see, so don't vanish me please,

    Please,

    Please

    Don't make me uproot my thin

    hair .
             I don't   want to   swim

                in   Madness

                    I

                  Am

                  Not

                  Cassandra

A NEVER ENDING TAIL

Was I made from your rib?? How could I, I am an invertebrate animal Not animal, not a thing, Instead, I am all of these, I am the moon carrying the stars, I am contradiction and the meaning of the word itself. I am birth, death and rebirth. Father, son, holy spirit, Just like your grandma, your mom and you.

ON REMINENCES OF AN OLD SWING

At that moment I thought I had it, I was about to taste divinity.
It was mine or almost mine for a moment, I swear.
I was starting to feel a glimpse of it. It tasted like the wind carrying you during that lapse of time, in where gravity hasn't been able to catch you yet.
So, I just kept on
Swinging
Swinging
Swinging
Swimming across the air.
Reaching and reaching.
Lingering for Salvation
Salvation
Salvation
Until a piece of heaven was close enough to grasp in between my fingers.
Until
I had it.
It was mine for a moment.
I thought about destruction, when I had it all,
So, I decided it was not a promising idea to have heaven in my hands.
I gave it up, I touched the ground. My hair pulled me back

THE APPLE

Sweet, I got you,

Sweet I made you,

Sweet, you are me now.

Sweet I laced you to the red wine.
But,

Boredom kicked in,

It was not enough.

Sweet, heretic I thought.

Sweet heretic I begged

For you

To be

Born.

So, as my own magnum opus I traced you with a pen.

Fingertips laced till the end of days.

Came in, a vision, that you could/ would call a Dream.

We were sticking our fingers on a ja r of ambrosia.

The thrilling of grasping till there was nothing there.

The ambition broke our (our?) core values with the feeling of annihilation and the Thirst

   for victory.

But what if I tell you about what came after guilt.

Succubus attached to our gut, feeding themselves in our (our?) very only way. But that was not enough, our lineage is now condemned.

*GENESIS VIEWED BY THE
ABSENCE OF WINGS*

      Back and forth
      Vertical lines
                                                Abysmal
                                                mountain

      I cannot climb.
       I Yearn

            Yearn
                  Yearn
                        Yearn

                for the unknown

                                      so, I
                                      point
                                      my
                                      sword
                                      to the
                                      sky

                                          (middle finger)

hoping that the clouds would gift me
with   some kind of award

From my navel emerges tainted blood. - back off Miscarriage, massacre? does this validate my humanity or does this just remind me that the end was always near.

But here I am,

Will you take me as I am?

-God please,

I Beg.

Synesthesia

Oh, here it comes

The buzz

inside beat surrounding

there is sorrow in the surroundings

surrounds external buzz.

Am I being fed the right way?

Euthanasia For

Frozen knees

I
Am

the cold On bathroom tiles
I am a crumbled leak of hope
through

dreams, The words I cannot
speak
Yet
I am

The absence of feathers
        I did not condemned

    myself to

    this

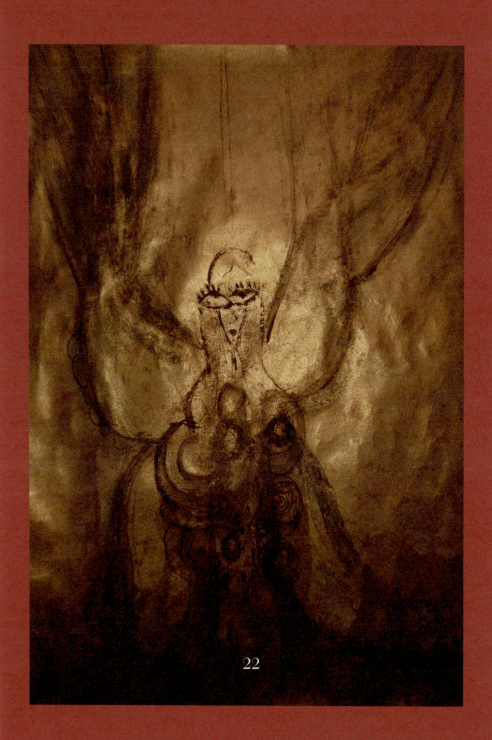

TINTA SELLADA

*No puedo desheredarme, porque Tu peso se me
hace mio,
porque te envuelvas en mi lengua,
por sobornar mis palabras en tu propia manera,
por petrificarme bajo las manecillas del reloj,
y esperar. Tampoco puedo rogar un perdón de tus
labios ni sacrificarme bajo una llama en vano,
sin embargo, tus acciones ramifican mi ausencia,
y, mi sistema ramifica nuestra vitalidad,
y, el árbol existe aún,
y, sus ramas llevan así nuestra sangre.
y, mi diario lleva así tu lengua.*

BITTER HARVEST

callous knees, for I have lived
but, not enough.
I am bloodlust.
As my sight deviates to the stashed bones, one on
top of each other
My consciousness becomes aware of the buzz.
Because these inhabited bones are the ancestry
that got fuzzy, the zinc that was not consumed
and will never be digested, because of the after zest
it leaves.

LIMERENCIA

Y resulta que le soy tan fiel a tu recuerdo que le soy infiel a mis propios ojos, pero es que no puedo, tu saliva se coagula en mis venas, y la curvatura de la tierra nunca impidió la blanda arena. Y Quisiera volver, contigo, a ese bautizo de promesas selladas por la luz de aurora que fue eterna. pero me pregunto si a tus ojos es solo un momento afanado. Lo cual nunca será posible para mí, por mis retinas retienen, y más de lo que necesito, por lo tanto, en mi memoria ese recuerdo está impregnado y es tan lúcido que mi capacidad de almacenamiento está más que colapsada. Habito ahora (¿o siempre?) en un mundo de ilusiones, y tu nada más has vuelto (¿has vuelto?) a activar rincones de mi ser que parecían estar latentes, pero es tu voz susurrada por un canto de serafines, que reabre un sendero de posibilidades, queda mi mente así aislada de tempestad, por un buen tiempo, nunca eterno. Hasta que me desvíe nuevamente, pero al menos ahora mi curvatura se afirma en tierra (tengo un ancla para volver).

SEDAS Y SAL

i. *Y se me hace insoluble la sal de mar, y se prolonga la sed de mar y se profetiza mi ser balanceándose, dosificando mi sanidad.*

ii. *insaciable hemorragia mutable la que familiariza nuestros pliegues, soy homogénea a tu tacto y tú le eres fiel a mi retrato. Nunca me sacio de pureza y tú nunca de grandeza.*

iii. *conozco todo lo primordial y sobrevivo en tempestad y donde parto termino, ya me conozco el recorrido, pero aun así tengo sed, sed celestial .*

EXILIO

en las cuatro paredes de mi cuarto, justifico el despilfarro de mi ser. mis moléculas se desencadenan y se encadenan al peso que cae entre las sábanas.
Al intercambiar miradas
Con ahora extraños
mis ojos se desvían al vacío, y me siento fundida en miradas.
el sudor empieza a correr por mi frente y de pronto no siento mis dedos, estos se congelan y mi sangre se coagula en mi cabeza.
Hirviendo,
soy hiper consciente de que mis ojos están hablando, no quiero que hablen, no necesito que me delaten, me da rabia que sean sordos, que no escuchen el pulso acelerado, que no sientan el calor desfrenado, que no entienden que no quiero que vean que estoy deshabitándome, que mi esencia ya no es rígida, y se va pulverizando más en cada exhalación que doy, que mis pasos no suenan como antes porque ahora soy más ligera, mis huesos ya no me pesan tanto.
Ese es el problema.
Ya no peso tanto

ANGUS DEI

Lo siento,
crudo. Tu boca, monedas de cobre, a eso sabe cierto? La
vitalidad. Me embriagaría con ese sabor a metal.
Estúpidamente emborrachada, me cubro las rodillas porque
algo podría salir mal. Campo áurico, desbocado.
Podría arrancarte la piel a mordiscos, tal y como tú lo haces
ahora. (¿Podría?) -Cuidado cúbrete el ombligo. Susurra mi
voz interna.
No le hago caso, nunca le hago caso cuando se trata de ti.
Y dejo que sigas tocando con tus manos. Tu tacto se hace más
pesado, ya no soy frágil, creo que nunca lo fui, al menos no a
través de tus ojos. Empiezas a arañar con tus uñas, pero no es
suficiente, nunca es. (¿Victimaria o mojigata?) no importa,
hago que mi piel se ablande para que sea más fácil para ti y
sangro no sabes cuánto, cuando no me ves (no me puedes ver,
no me debes ver) el líquido se desprende de mis canales,
desearía poder vomitarlo.
(Desearía)
Lo siento.

*I tried to clean myself on a body of water,
but it did nothing.*

*How do I clean the water inside
my body?*

THE EPIPHANY OF AN UNETHICAL GOD

Rotted pharynx, you've got me eating condensed nebula sprinkles,
I wish my instincts were more powerful, instead of leading myself to the primal desires,
I watch everything just by opening my senses, and yet I'm still hungry when I see fresh bones.

DESEO, DESEO, DESEO

Que se solidifique mi agua, que mi mente sea una máquina.
Máquina de pensamientos eternos, no errados, colectivos, nunca profanos.
Fundida del peso de la conciencia
Me fuerzo
A crecer fuera de raíz
Y tras soplar las velas
Deseo, Que se curve mi columna
Que ésta
caiga con la tierra
Como astros
desterrados
que se familiarizaron con el calor de abajo.

LATENCIA

Con sed de ambicion, de tenerla en la punta de mi lengua.
A veces viene,
pero se desaloja después de un tiempo,
viene en forma punzate y nunca es larga su estadía.
La sangre que rellena mis manos ahora , es más bien sangre inquilina, careciente
de vitalidad y hace que se atrofien mis articulaciones, sangre ajena.
Mis manos están pasmadas, mi lengua ansiosa de movimiento,
y estas manos impropias, están interiorizadas a mi carne y mi sangre, se deposita
en este espacio, pero,
simplemente están paralizadas,
huesos sujetos en ámbar
y así,
pierdo otro día sin extremidades
y quiero arrasar con todo
Y mis ideas son muy grandes, mi piel muy frágil, mis manos insostenibles,
bombeo a contratiempo y ruego que mis nervios no reaccionen fuera de ritmo.
necesito hacer que reaccionen a esta voz,
de lo contrario llegara otra voz a habitarlos.

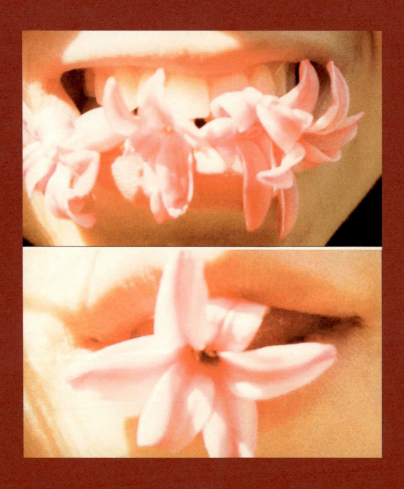

SWAN SONG

Perfectly untouched I am one with the moon, as I dance shielded by violet lights, I perform this time I perform for her. Fly away Alas

PROFETA METAFÍSICO

Siempre predigo mi dolor un par de meses o años incluso, siento la angustia metafísica de una versión futura, y creo que al fin puedo comprenderlo. Se me anudó Mi tráquea hace ya un par de meses atrás y hoy recién lo veo. A mis doce años me retorcía en la cama de mis padres porque predecía la incertidumbre, la sentía en Mi lengua, un gusto amargo horrible. A mis diecisiete la sentí en indiferencia, de brazos cruzados, porque no había más que hacer. A mis diecinueve la siento de nuevo, sé, que todavía estoy a tiempo, pero las conversaciones ya no son las mismas de antes, y las palabras flotan vacías perdiéndose ansiosas de volver a casa, la nostalgia las consume, y carecen de cohesión al menos hacia mi oído, lo intento, pero el sonido que emulan cambió, cambió Mi tráquea. Y le tomo el peso a mis ruinas, fragmentos de mis propias manos, creo que Mi profeta me lo advirtió. temo que Mi única solución es el consumo de la flor de loto y me pierdo, de nuevo. Profeta metafísico ven más seguido.

LA ALQUIMIA POR LA CUAL REZO

Por favor déjame ser eterna, déjame ser un tumulto de todo lo que quiero, y que mis piezas y las tuyas encajen perfectamente.
Materia divina.,
Dámelo todo,
déjame saborear las puntas de mis yemas y que éstas sepan lo que es el roce sagrado que no entinta.
Arrancar una flor y que sus pétalos se moldeen a mi mano y sus piezas y mis piezas,
y su materia y mi materia
en espiral vuelva
y envuelva,
que me lo dé todo
lo quiero todo,
merezco todo
necesito comprensión, no es un capricho,
tampoco quiero que mi ambición me arrastre al suelo
como los doscientos,
pero soy contradicción
y me envuelvo
y vuelvo
hasta que mis piezas se agrupan en una fila
y vuelvo a la periferia

*y quiero parar,
déjame parar,
estoy agotada
y no uelvo nunca
al mismo lugar*

MANOS DE CERA

Nunca abracé con tanta devoción al vacío,
desármate en mis manos que yo recojo.
Tú, y tus costras como pepas de frutilla en la mía,
no somos de la misma piel, pero sí lo somos.
Tú te descascaras y yo te extirpo.
Tú y tu fuego azulado
y yo como una niña quemándose con la esperma
de la vela para formar una silueta alrededor de su dedo,
lo sigo haciendo,
está en mi naturaleza.

DÚCTIL

Plegarias, las ofrezco a la luna.
Gotas de agua resbalándose por mi impermeable piel,
las confundo con agua.
Mártires, mis palabras, pero resucitarían si tú las
llamaras.
Manos con callos, porque te moldié tanto,
y cuando esta sangre expire, atrápala en el techo de mi
boca, complacientes, mis articulaciones se moldearán a
tu cuerpo, para seguir la silueta de tu cuero,
pulso eterno.
Mis venas colapsan

SPLASHING ON DECAY

Slipping days like pages on my fingers, I find that I am the one in charge, I hate to be the one in charge. Self-sabotage has become my sword because the clock, has doubled its size.
Cold and empty hands carry my mom's tears on my fingertips.
There is guilt on each breath, there is sorrow on every sentence.
The weight is too much.
My Under worn legs, have become such a burden.
My Bony limbs are the only way of setting myself free.

ALCANZANDO LA REALIZACIÓN

Mira cómo se desbordan nuestras ruinas a través de mi carne.
Mírame, y dime que el agua no es transversal.
Mírame y dime que nuestros surcos serán preservados y
aislados. Reflejo de un espejo ajeno, que refleja mi mayor
miedo. ¿Cuándo fue que me convertí en tumba sin dueña?

siempre
 sometida
       a
           flote.
El Cáliz ya se vació, en tardes que laten
bajo un sol naranjo.
El elíxir ya no es eterno. Al menos no en este cuerpo.

CASA DE CRISTAL

Memorias desdobladas en un canto vacío,
 canto atrapado,
y los tréboles desarmados,
y las tejas sin barniz,
y los colores desaturados.
El columpio vacío, aún se mueve.
Ahora nuevos inquilinos desbordados de
vivacidad se adueñan de mis colores, de mi visión.
Recojo el farol, plasmando su luz como umbral.
El viento sopla en contra de mi favor

CANTO A LA ETERNIDAD

Verano de lumbre poliforme,
aún recuerdo las siluetas que se hacían tras la llama y el opaco fondo de materia oscura,
y ahora veo que solo fue eso. Mis retinas eran capaces de captar más allá, de sobornar a la realidad, de plasmar destellos de misticismo,
pero era solo eso, era simple,
ahora lo veo intangible, o mejor dicho no veo lo que es tangible a mi reflejo.

CLEPSIDRA

*Últimamente abrazo al pesimismo como conductor a mi sanidad, y
es que los hilos de mi propia realidad no me permiten avanzar.
No puedo seguir desvendándome todos los días.
Las horas son solo nubes,
desarraigadas al tiempo,
las manecillas del reloj se disfrazan de guías,
cuando son precursoras de mi caída abismal,
y gotas de mi alma caen al vacío porque expira su tiempo de uso.*

ACTIVE DECAY

I can feel my skin itching to my bones as the days pass by.

I can't get my mouth to be fed, I already consumed too much, I consumed myself too much,

for that so there is no more space left,

no more air to inhale, nor to exhale,

no more words that can fill my vast pitless brain.

Everything is rotten, for that so, I am afraid of the active.

Yes, I am afraid of my own, it's hungrier than ever, and I think it wants to be fed by the soil.

COMMON GROUND

Again, I'm bleeding into the unknown,
again, it's my blood that's pouring in everyone's hands, and theirs into mine. Each and each day I feel more conscious of the pain strokes from the surroundings,
my eyes are susceptible to the slightest movement,
It's the artificial light that burns my pupils, that taints my blood.
It's the inorganic matter that sticks
                                          to me.

I'm scared each and everyday.
I suffer for the comforted, I suffer for the sane
Why can't I be?

SEALED PROMISES, AND A FEAST

You said: I need some water,
I let you drink right from My fountain.
You always take more than intended.
It's a slow burn,
I let it stay,
I let it stain,
a booze with my blood,
a feast in my bones,
an impending doom right in front of my eyes.

MIRADA PERDIDA

Creo que por ti lo aceptaría,
justificaría tus manos entintadas, el peso de tus pies, tus
callosidades en la palma, la depravación de tus ojos, tus
amores venusianos, tu devoción desparramada, tu
mirada languidecida, tu lasciva inclinación a otras
yemas, incluso al estar enmantelado en nicho de buena fe,
con agua de vertiente.
 Lo soportaría.

Porque no hay otros ojos que me consuman con tanta intriga, ni
otras manos que depraven las mías de apetito
insaciable, no hay más, no me desenvuelvo fácilmente,
pero sería fácil contigo, con tanta intensidad emergida.
Solo piénsalo, por favor.

Seríamos imparables.

Pero cuando se termine el roce, no será lo mismo.

DOBLE FILO

*Espero con ansias el desborde emocional de la primavera,
porque mi cabeza se cae a pedazos,
 pero solo así puedo saborear mi instinto fértil, mis ideas
despojadas, con ansias de pulirse, para expresar, en caos,
firme caos*

DESEO DE CONEXIÓN MUTUA CUANDO NO SEA ETERNA

Caigo envuelta en nácar y mis cabellos se desprenden
firmes, pero no punzantes, y mi piel de serpiente ahora yo
habito, es mi cuero después de todo.

 Soy eterna. Y me visto
entre sedas que se deslizan y caen, y miradas de ojos
lascivos se adhieren y abro mi boca, esperando
saborear, con ansias de probar, de sentir mi lengua
palpitar. La costra sangra, al día siguiente, en la

ducha a
eso de las 11 am. Creo que mis vísceras están manchadas

EN BASE A CONCIENCIA COSMICA

Me fundo,
Me fundo en ojos desorientados,
Me fundo en primavera,
Me fundo
Me fundo en los gises azulados ,
Me fundo
Me fundó en cuerpos deshabitados,
Me fundo Como lava lamiente,
Me fundo como cementerio,
Me fundo, En manos ajenas
Me fundo como estatua de muerto.
La moneda gira sola,
la tierra permanece redonda

PARALELISMOS A DOS VOCES

Pestañeos largos con la ternura de un ángel al pisar tierra sagrada y deseo que la tarde ya no sea lánguida.

A través de mis retinas.

Todo se impregna, todo se pierde, y los colores iridescentes. ¿A donde fueron? ¿Donde fue el violeta, los vinilos gastados, y mi vestido cayendo al pasto?.
Girando y girando y las nubes rotando, girando y girando y yo volando por las figuras de niebla.

Baja la noche y mi piel fina no aguanta el frío, se abren mis retinas. Y me retuerzo entre sabanas
A través de mis retinas

Mi piel se mancha, la luna me soborna, la arena desparramada se atora

A través de mis retinas

Se plasma un eco

Se planta una sombra

Y ya no rebota la luz de un sol ingenuo

A través de mis retinas presencio las horas como las mariposas que no puedo ni tampoco pude atrapar

PROVISIONAL LOVER

Filled to the gut,
Provisional lovers, They have never sank so close,
they have never sunk this far,
and other hands dare to wake hush.
It's a hum on the inside,
unknown to my own flesh,
known to my eyes.
Provisional lover,
Can you fill me whole with what you have?
Do you dare to sink by my hand?
Provisional lover, promise Its not just a night.

ORIFICIO DE SALIDA

Que se apague mi empatía,
que me parchen mis manos,
que me tapen la hemorragia, que me desbordo como un rio,
que me cieguen los ojos, que caen al vacío,
que me activen mi libido,
que estoy seca de vacío,
que estoy seca, que se seca la lumbre,
que me tapen el sol que me venda,
que no puedo avanzar.
Que mi ombligo es inquilino.
Que la tierra tiene hambre

WORSHIP

I swore I would never do this again. But yet I still lace
hands with strangers hoping I'm closer to you,
hoping It's known,
it's a slow burn, the fire between the strings,
it hasn't dried.
3 am and I'm casting spells, chanting to the moon,
offering
my blood in a glass of wine .
It's a slow burn.
Honeydripped lips,
eyes swollen,
hungry cannines.
Assigning faces to petals.
God has lost their spiritual meaming, I only find it on
flesh now.
I commute each Sunday,
hoping I'm closer,
but I'm still hungry, in fact I've never been this starved

MAGIC MUST BE IT

Thrilled to the bone, I lurk words into conversations, stories into detail, fragments of myself when Im not me. All at once,
I must have fallen out of grace,
I must have fallen out from my tomb. And there is a box I keep so, I don't forget, I open it sometimes at 3 am, when I forget I was me.
I hush over a different kind of danger,
I defer from dreams ,
I trade sanity for glory,
I trade sanity for thee ,
Cause magic must be it

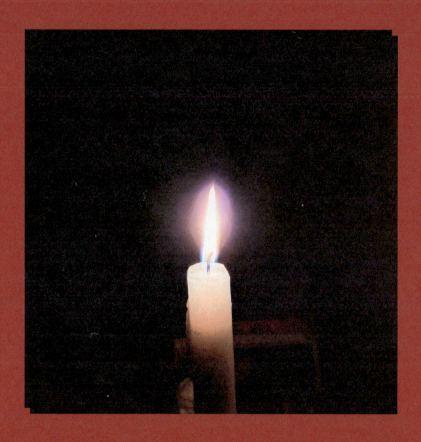

WORMHOUSE

The egg is bledding on this blue irisdentent light.
The egg is grieving a wet dream on dirty hands.
I knit threads that have already expired.
The egg is building up, rather down.
These knees are unraveling for the first time.
Inerce.
They must go down , or else these hands may turn their back
The shell is bleeding .
The egg is grieving on mutal resentment.
The moon no longer reflects on still light
I'm no longer mine,
I'm no longer yours,
This world is no longer ours .

THIS IS HOW YOU PIN HOPE ON ME

I ask the moon if she loves my tainted skin, She does not answer.

Why does her light reflect on me then?

I hide rotten cherries under my bed,

I hide them with a cross on top,

I was never tainted ,

Your hands were ,
my floor was. I'm watching this body from a third view

(vivisection)

Is this your declaration of love?

Is this Sunday noon our vows renovation.
These are the moments ,

these are the moments where I'm numb, This is how you

pin hope on me.

LETANÍA

Cuestiono la fe, pero me respondo a mí misma al comunicarme en el lenguaje intangiblemente divino, es la única armadura que te puedo dar, es todo lo que tengo. cuatro nudos/ siempre nudos/ nudos irreversibles/ hilos apretados.

Creo,

Creo en tú/ en tú/ en ti/ por ti.

Como una misión,

una bandera de confirmación.

el suelo no dejó podredumbre, hizo falta un mientras, pero lo hizo.

tu presencia no dejó rastro,

pero mi piel.

LITANY

I question faith, I think I answer myself On late night prayers.
I pray more than I think I do, more than I'd like to,
More than I'd intend to. But anyways I need to make sure I'm
controlling what I cant. I pray for you For you For you.
As a way of caring for you.
    Always you,
        four knots
irreversible knots.
tight strings.
I believe
on you
    you
        you for you

    as a mission,
    as a flag, as confirmation
    the soil left no rot it took a while but it did
    your presence left no trace
    oh, but my cells

OBLIVION

I'm grieving immortality,
The birds mimic a lyre,
I'm grieving the moon in my womb. Do you
believe that maybe we coexist in a place
where heaven has not been able to touch us
Yet?
Are you grieving too?.
Do you miss your lucky charm?
I miss mine too,
I swore to keep it forever, You swore too,
I'm so tired of swearing, I'm tired of grieving
Empty promises.
Some things never change
We're the bones of a resilient laugh I'm sorry,

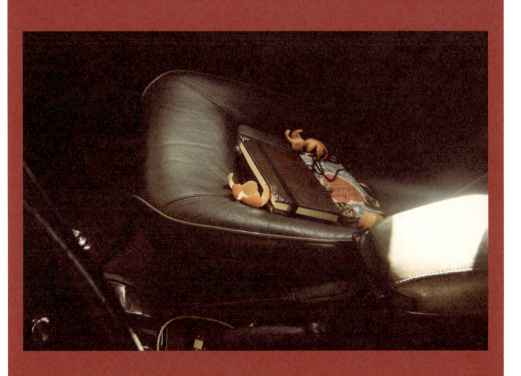

A LEGACY OF ROT

I'm coating the soil/ I'm cutting all the ties/ I'm shivering within the moonlight/ are everyone's hands simply better?/ would my face just remain on one piece?/ is the earth really as eternal as our eyes?/are my hands as tainted as yours?/ is there an easy way?/ God what have I become/ I was made a daughter/ but I was meant to evolve/ am I lucky for that?/ is the soil tainted with my blood?/ are my feet too slow/ or / too fast/ to be left behind? Strip me off my lineage/ strip me off this soil/ let me dew in the ocean/ let me drip in the ocean/ I was made a daughter/.

QUIZÁS

Quizás
Quizás el cielo coexista En nosotros ahora
Quizás
Quizás está bien soñar cuando estoy fuera de mis manos. Quizás, Nuestros poros no se saturan con los rayos.
Quizás
Quizás la eternidad está perpleja en este minuto.
Quizás
Quizás somos efímeros a la mortalidad.
Quizás
Quizás tus manos no son más que carmín.
Quizás no saboreo la clemencia de Dios en un acto como éste

UNDONE FLESH

I claimed that I was a flower

And you?

The hand

Plucking the petals

My petals

And you?

The whole world

And you?

The earth beneath me

And you?

The plastics on my soil

And you?

Late wine odor

And you?

An unfinished circle

And you?

Wet wood

And your nails?

Dirty

As the dirt only the untainted can hold

And your feet?

Brownish

And your knees?

And your veins?

Vast

Bony

Vast

Bony

And me?

And me?

And

What about me?

Author's description:

Laura Montalva, a Chilean singer-songwriter born in 2005 in Santiago, Chile, has captivated audiences at various festivals throughout the Metropolitan Region with her performances.

Her compositions are characterized by the warmth and depth of her lyrics, evocative melodies that evoke an ethereal atmosphere. In this work, Laura shows us a new side of her artistic development, using the written word as a vehicle for expression. As we delve into this work, the relationship between the sound of words and music is captured to crystallize the lights and shadows of the feminine being.

Her passion for writing is born from music, and this connection is more than represented in this work, inviting the reader to a journey into the depths of emotions and to connect with the deepest part of their essence.

Descripcion del autor:
Laura Montalva es una compositora y cantante chilena, naciada en el año 2005, en Santiago de Chile.
Laura se ha destacado por haber presentado en diversos festivales y encuentros en la región metropolitana, y sus composiciones, se caracterizan por la calidez y profundidad de sus letras, sus melodías evocadoras, rememorando así una atmosfera etérea.
En esta obra nos muestra una nueva faceta de desarrollo artístico, a través de la palabra escrita como medio de expresión.
A través de esta obra se plasma la relación entre la sonoridad de las palabras y música para cristalizar las luces y sombras del ser femenino. Su pasión por la escritura nace bien desde la música y esta conexión se ve representada con creces en esta obra.
un viaje en las profundidades de las emociones y a conectarse con lo más profundo de su esencia.